Made in the USA
Coppell, TX
24 April 2022

76986911R00083